Das große

PFERDE BASTELBUCH

Das große

PFERDE BASTELBUCH

Pia Deges

INHALT

TRIXI

Dein Download

Die Vorlagen kannst du dir auch online herunterladen und ausdrucken. Wie das geht, erfährst du im Impressum auf Seite 92.

GRUNDANLEITUNG

VORLAGEN ÜBERTRAGEN

Lege Transparent- oder Butterbrotpapier auf die Vorlage und pause das Motiv mit einem weichen Bleistift (Härtegrad HB oder B) ab. Dann wendest du das Transparentpapier und legst es mit der bemalten Fläche auf den Fotokarton, die Pappe, den Stoff oder Filz. Fahre jetzt mit einem harten Bleistift (Härtegrad H) die Linien nach, die sich dadurch auf das Material durchdrücken.

KLEINE NÄHARBEITEN

Mit dem Heftstich (Vorstich) lassen sich Motivteile verbinden. Er ist der einfachste Stich und reicht für die Näharbeiten in diesem Buch völlig aus. Fädle etwas Garn auf die Nadel, lass ein Fadenende länger hängen und verknote es. Stich mit der Nadel in die Stofflagen und mit ein paar Millimetern Abstand wieder aus.

PAPPE SCHNEIDEN

Zeichne die gewünschte Form zuerst mit Bleistift auf die Pappe; verwende ggf. ein Lineal. Feste Pappe schneidest du am besten mit einem Cutter auf einer Schneideunterlage. Lass dir dabei von einem Erwachsenen helfen.

KLEBER

Mit Bastelkleber kannst du Wattekugeln, Perlen und andere Kunststoffteile aufkleben. Ein Klebestift eignet sich prima für Papier und flächige Klebeprojekte. Mit der Heißklebepistole kannst du auch größere Teile stabil ankleben. Der Kleber wird sehr schnell hart. Lass dir dabei immer von einem Erwachsenen helfen. Mit Stoffkleber kannst du Filzteile aufkleben oder zwei Schichten Stoff zusammenkleben.

WASSERFESTE FILZSTIFTE

Diese Filzstifte decken gut und man kann mit ihnen auf fast allen Oberflächen schreiben und malen. Deshalb eignen sie sich prima z. B. zum Aufmalen von Pferdegesichtern.

WOLLHAARE

Wickle die Wolle ca. zehnmal um mehrere Finger oder die Handfläche und ziehe sie dann ab. Knote einen ca. 20 cm langen Faden mittig um das Knäuel. Dann schneidest du die Schlaufen rechts und links davon auf.

ACRYLFARBE

Acrylfarbe lässt sich leicht auftragen und trocknet sowohl auf Plastik als auch auf allerlei beschichteten Oberflächen. Gib etwas Acrylfarbe auf einen Pappteller, so kannst du sie leichter mit dem Pinsel aufnehmen und auch mischen.

HEXENTREPPE

Klebe zwei gleich lange Streifen Papier oder Fotokarton an einem Ende im rechten Winkel mit Klebestift zusammen. Falte anschließend immer den unteren Streifen senkrecht über den oberen Streifen. Am Ende der Hexentreppe klebst du die Streifenenden mit Klebestift zusammen.

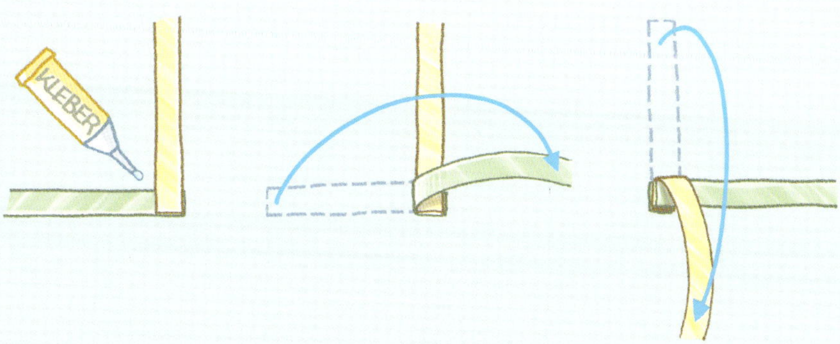

EINLADUNG mit Zuckerhalfter

MATERIAL

- Fotokarton in Weiß, A4
- Fotokarton in Hellbraun, A5
- Wackelaugen, ø 1 cm
- Zuckerkette, 35 cm lang
- Klebefilm, transparent
- Klebestift
- Lochzange

Vorlagebogen A

ANLEITUNG

1 Übertrage mithilfe der Vorlagen den Pferdekopf einmal auf weißen Fotokarton, die Mähne und den Schopf jeweils einmal auf braunen Fotokarton. Schneide die Teile aus. Klebe Mähne, Schopf und das Wackelauge mit Klebestift auf den Kopf.

2 Stanze mit einer Lochzange an den Markierungen jeweils ein Loch mit 2 mm Durchmesser. Schneide das Gummiband der Zuckerkette durch und lege die Zuckerringe in eine Schale. Schneide von dem Gummiband ein 10 cm und ein 15 cm langes Stück zurecht. Fädle auf das kürzere Stück Gummi 7 Zuckerringe, auf den längeren Gummi 14 Zuckerringe.

3 Befestige nun die kurze Zuckerkette an der Schnauze, die lange am Hals. Fädle dazu zunächst ein Ende der Gummis von vorn durch ein Loch und klebe es auf der Rückseite mit Klebefilm fest. Anschließend fädelst du jeweils das zweite Ende durch das passende Loch und klebst es auf der Rückseite fest.

4 Zum Schluss schreibst du deinen Einladungstext auf die Rückseite des Pferdekopfs.

Pferdeparty
am 12. Juni
um 15⁰⁰
Ich freue mich auf dich!
Lea

Happy Horse MUFFIN-DEKO

MATERIAL

- Fotokarton in Braun und Hellbraun, A5
- Acrylstift in Weiß
- Fineliner in Schwarz
- Zahnstocher
- Fertigmuffins
- Vollmilchkuvertüre, 200 g
- UHU Bastelkleber oder Heißklebepistole
- Klebestift

Vorlagebogen A

ANLEITUNG

1 Übertrage die Vorlagen auf Fotokarton und schneide sie aus. Du brauchst für jeden Muffin ein Set bestehend aus Kopf und Schweif.

2 Klebe die Einzelteile für die Mähne mit Klebestift an den Kopf. Anschließend zeichnest du mit einem weißen Acrylstift und einem schwarzen Fineliner Augen und Pupillen auf den Pferdekopf.

3 Halbiere einen Zahnstocher und klebe jeweils eine Hälfte rückseitig an Pferdekopf und Schweif.

4 Schmilz die Kuvertüre, tauche die Fertigmuffins mit der oberen Hälfte hinein und lass die Schokolade erkalten.

5 Jetzt kannst du Pferdekopf und -schweif hineinstecken und fertig ist dein Pferdemuffin!

Pferdefreunde-KETTE

MATERIAL

- Plastikpferd, ca. 8 cm breit, 10 cm hoch
- Schraubhaken mit Öse, ø 8 mm
- 3–4 Papierstrohhalme in verschiedenen Farben
- 12–16 Holzperlen in verschiedenen Farben, ø 6 mm, 10 mm und 12 mm
- 5 Pompons, ø 10 mm
- 2–3 Satinblüten in Rosa, ø 10 mm
- Satinschleife in Rosa, 25 mm breit
- Filzrest in Gelb und Hellblau
- Bäckergarn in Rosa, ca. 80 cm
- UHU Bastelkleber
- Kastanienbohrer
- Stopfnadel mit breitem Nadelöhr

ANLEITUNG

1 Bohre mit dem Kastanienbohrer oben mittig ein Loch in das Pferd. Drehe den Schraubhaken in das Loch. Lass dir dabei von einem Erwachsenen helfen.

2 Fädle das Bäckergarn auf die Stopfnadel.

3 Schneide von den Papierstrohhalmen vier ca. 2 cm lange Stücke ab. Fädle nun abwechselnd Holzperlen, Papierstrohhalmstücke und Pompons auf das Bäckergarn; insgesamt sollten es 11–12 Teile sein. Anschließend ziehst du die Nadel durch die Öse im Schraubhaken und fädelst erneut 11–12 Teile auf das Bäckergarn. Verknote die Garnenden.

4 Als Dekoration kannst du eine Satinblüte und eine Satinschleife mit Bastelkleber auf das Pferd kleben. Du kannst auch aus Filz eine Satteldecke oder Streifen als Gamaschen für das Pferd ausschneiden und ebenfalls aufkleben.

TIPP
Pferdeketten sind tolle Mitbringsel für eine Pferdeparty.

Lustiges LESEZEICHEN

MATERIAL

- Eisstäbchen aus Holz, 2 cm breit, 11,5 cm lang
- Acrylfarbe in Braun, Beige oder Grautönen
- Fotokartonrest in Hellbraun, Beige oder Grautönen
- 2 Wackelaugen, ø 6 mm
- wasserfester Filzstift in Rosa
- Fineliner in Schwarz
- Klebestift

Vorlagebogen A

ANLEITUNG

1 Bemale das Eisstäbchen auf Vorder- und Rückseite mit Acrylfarbe nach Wunsch. Gut trocknen lassen.

2 Übertrage mithilfe der Vorlage einmal die Mähne, einmal den Schopf, einmal die Schnauze und zweimal das Ohr auf Fotokarton in der Farbe deiner Wahl. Schneide die Teile aus. Die Ohren und die Mähne klebst du mit Klebestift an einem Ende auf die Rückseite des Eisstäbchens, Schopf und Schnauze auf die Vorderseite. Anschließend klebst du die Wackelaugen auf.

3 Zum Schluss zeichnest du mit rosa Filzstift zwei kreisförmige Wangen und mit schwarzem Fineliner auf der Schnauze die Nüstern auf.

TIPP
Die Pferdelesezeichen sind schöne kleine Geschenke für Reiterfreunde.

TOPP
DAS

073

GARDEROBE für Pferdenarren

MATERIAL

- 3 Baumscheiben, ø 8–12 cm
- 3 Plastikpferde, 6–7 cm lang
- Acrylfarbe in Gelb, Türkis, Rosa und Weiß
- 3 Schraubhaken, ø 26 mm, 30 mm lang
- 3 Plakat-Ösen, ø 4 cm
- Kastanienbohrer
- UHU Bastelkleber

ANLEITUNG

1 Bemale die Vorderseiten der Baumscheiben mit Acrylfarbe in Gelb, Türkis und Rosa. Die Plastikpferde bemalst du mit weißer Acrylfarbe. Gut trocknen lassen.

2 Bohre mit dem Kastanienbohrer mit ca. 1 cm Abstand zum unteren Rand ein Loch für die Schraubhaken in die Baumscheibe. Lass dir dabei von einem Erwachsenen helfen. Drehe die Schraubhaken hinein.

3 Klebe die Pferde an der Rückseite mit Klebstoff auf die Baumscheiben.

4 Zum Schluss klebst du die Plakat-Ösen auf die Rückseite der Baumscheiben. Jetzt kannst du die Pferdegarderobe an der Wand aufhängen.

TIPP

Anstelle der drei Baumscheiben kannst du auch eine lange Holzleiste verwenden und Pferde sowie Schraubhaken nebeneinander anbringen.

Flotte FINGERPUPPEN

MATERIAL

- Fotokarton in Beige, Hellbraun und Dunkelbraun, A5
- Fotokartonrest in Hellbraun und Sandfarben
- Acrylstift in Weiß
- Fineliner in Schwarz
- Kreisstanzer, ø 1,5 cm
- Klebestift

Vorlagebogen A

ANLEITUNG

1 Übertrage die Vorlagen auf Fotokarton. Körper und Ohr bekommen dieselbe Farbe, Mähne und Schweif eine andere Farbe. Schneide die einzelnen Teile aus.

2 Klebe das Pferd mit Klebestift zusammen: Ohr, Schopf und Mähne am Kopf, den Schweif am Hinterteil. Du kannst dich hierfür am Foto orientieren.

3 Zeichne ein Auge mit weißem Acrylstift auf und lass es gut trocknen. Danach kannst du mit einem schwarzen Fineliner eine Pupille aufmalen.

4 Stanze mit einem Kreisstanzer vier Löcher entlang der Unterseite. Jetzt kannst du deine Finger (bis auf den Daumen) hindurchstecken und losgaloppieren.

TIPP

Sollte das ausgestanzte Loch zu eng für deine Finger sein, kannst du einfach für jeden Finger mittig einen Schlitz vom Loch in die Unterseite des Pferdes schneiden. Dann lässt sich das Fingerpuppenpferd auch leichter an- und ausziehen.

Coole PFERDE-BROSCHE

MATERIAL

- Modelliermasse in Beige und Hellgrau, je ca. 1-2 Blöcke
- Modelliermasserest in Schwarz, Weiß und Rosa
- Broschennadel, 2,5 cm lang
- Backpapier
- Klebstoff
- Küchenmesser
- Bastelschere
- Teigroller

Vorlagebogen A

ANLEITUNG

1 Knete die Modelliermasse für Kopf und Schnauze gut durch und rolle sie mit dem Teigroller ca. 6 mm dick auf Backpapier aus. Lege jeweils die Vorlagen für Kopf und Schnauze auf. Schneide die Teile mit einem Küchenmesser aus. Entferne die Vorlagen und glätte die Schnittkanten mit dem Finger. Lass den Kopf auf dem Backpapier liegen und lege die Schnauze passend darauf.

2 Für die Augen rollst du zwei weiße Kugeln mit 1 cm Durchmesser und formst sie zu flachen Ovalen. Für die Pupillen rollst du zwei schwarze Kugeln mit 4 mm Durchmesser und drückst sie auf die Augen. Drücke die Augen vorsichtig auf den Kopf.

3 Für die Ohren formst du einen ca. 6 cm langen Strang, der an den Enden spitz zuläuft. Schneide ihn mittig durch und drücke in beide Teile mit der stumpfen Seite einer Scherenklinge eine längliche Vertiefung hinein. Bringe die Ohren mit den breiten Seiten am Kopf an.

4 Forme je einen 3 mm dünnen rosa Strang für Nasenband und Maul. Lege das Nasenband auf die Oberkante der Schnauze und das Maul darunter. Zupfe beide auf die richtige Länge zurecht. Für die Nüstern rollst du zwei rosa Kugeln mit 6 mm Durchmesser und drückst sie passend auf die Schnauze.

5 Für den Schopf rollst du sehr dünne, ca. 2 cm lange Stränge und legst sie zwischen die Ohren.

6 Lass die Pferdebrosche bei 110 °C im Ofen 30 Minuten härten und danach auskühlen. Zum Schluss klebst du die Broschennadel mit Klebstoff auf der Rückseite fest.

STECKENPFERD, Galopp!

MATERIAL

- Fotokarton in Braun, 60 cm x 80 cm
- Fotokarton in Hellbraun 2x A4
- Fotokarton in Rosa, 2x A5
- Fotokartonrest in Weiß
- Holzstiel, ø 3 cm, 100 cm lang
- wasserfester Filzstift in Schwarz
- UHU Bastelkleber

Vorlagebogen A

ANLEITUNG

1 Übertrage den Kopf mithilfe der Vorlagen zweimal auf braunen Fotokarton. Schneide die Teile aus. Aus hellbraunem Fotokarton schneidest du 25 Streifen à 1 cm x 20 cm zurecht. Falte jeden Streifen so zur Hälfte, dass die Streifenenden nicht exakt übereinanderliegen. Klebe die Streifen mit den Enden nach außen als Mähne und Schopf auf die Innenseite eines Kopfteils.

2 Schneide mithilfe der Vorlagen die Augen zweimal aus weißem und das Halfter zweimal aus rosafarbenem Fotokarton aus. Klebe die Teile jeweils auf die Außenseite der Pferdekopfteile. Achte darauf, dass du ein Kopfteil spiegelverkehrt bearbeitest.

3 Male Pupille, Wimpern, Nüstern und Maul mit schwarzem Filzstift auf.

4 Klebe die beiden Kopfteile an den Rändern aufeinander, lass die untere Kante am Hals offen. Hier steckst du zum Schluss den Holzstiel für das Steckenpferd hinein.

Mini-Möhrenkekse

ZUTATEN FÜR 40 STÜCK

FÜR DEN TEIG:

- 200 g Butter
- 100 g Zucker
- 300 g Mehl (Type 405) plus etwas für die Arbeitsfläche
- 1 Ei (Größe M)

FÜR DIE DEKORATION:

- 1 Eiweiß
- 250 g Puderzucker, gesiebt
- Lebensmittelfarbe in Orange und Grün
- Ausstecher in Möhrenform

ANLEITUNG

1 Die Butter in einem Topf bei geringer Hitze schmelzen. Verrühre Zucker, Mehl, das Ei und die flüssige Butter in einer Schüssel mit den Rührbesen des Handrührgeräts zu einem glatten Teig. In Frischhaltefolie wickeln und eine Stunde in den Kühlschrank legen.

2 Den Backofen auf 150 °C vorheizen. Rolle den Teig auf der bemehlten Arbeitsfläche ca. 7 mm dick aus. Möhren ausstechen und auf ein mit Backpapier ausgelegtes Backblech legen. 10 Minuten backen. Auskühlen lassen.

3 Schlage das Eiweiß in einem Rührbecher leicht auf. Puderzucker zufügen und zu einem Zuckerguss verrühren. Färbe ein Drittel des Zuckergusses in einem Schälchen mit Lebensmittelfarbe grün, die restlichen zwei Drittel mit Lebensmittelfarbe orange.

4 Bestreiche die Kekse mit dem Zuckerguss. Den Guss über Nacht trocknen lassen.

Stifte-PFERDCHEN

MATERIAL

- Bastelfilz in Braun, Hellbraun, Grau, Weiß und Beige, 15 x 15 cm
- Fineliner in Schwarz
- Klebepunkte in Weiß, ø 0,5 cm
- Schaschlikstäbchen
- UHU Bastelkleber
- Bleistifte

Vorlagebogen A

ANLEITUNG

1 Fertige zuerst Vorlagen von den einzelnen Pferdekopf-Elementen an und übertrage sie mit einem Fineliner auf den Bastelfilz. Du brauchst alle Teile zweimal.

2 Schneide die Einzelteile aus. Klebe die Mähnen mit Bastelkleber auf den Pferdekopf. Zum Verteilen des Klebers kannst du prima die Spitze eines Schaschlikstäbchens benutzen.

3 Lege einen der beiden Pferdeköpfe mit der Innenseite vor dich hin. Verteile Bastelkleber entlang der äußeren Kontur. Nur die unterste Seite bleibt frei von Klebstoff. Dann legst du den anderen Pferdekopf darauf und lässt den Bastelkleber gründlich durchtrocknen.

4 Male mit einem schwarzen Fineliner eine Pupille auf die Klebepunkte und klebe sie anschließend an den Kopf.

5 Zum Schluss steckst du einen Bleistift von unten in den Pferdekopf. Fertig ist dein Bleistift-Topper!

TIPP
Die Stifte-Pferdchen sind auch eine hübsche Bastelidee für einen Kindergeburtstag.

TIPP

Forme aus etwas grün gefärbter Marzipanrohmasse Grasbüschel und dekoriere damit die Koppel.

Leckere PFERDEKOPPEL

ZUTATEN

- 2 flache Schokoladenkuchen (Fertigprodukt), je 24 cm x 12 cm
- 200 g Vollmilchkuvertüre
- 32 Schokogebäckstäbchen
- 400 g Marzipanrohmasse
- 4 EL Puderzucker
- 4 Marzipan-Möhren (Fertigprodukt)
- Lebensmittelfarbe in Grün
- Plastikpferde nach Wunsch
- Gefrierbeutel

ANLEITUNG

1 Ordne die flachen Kuchen auf einer rechteckigen Kuchenplatte nebeneinander an.

2 Die Kuvertüre über dem heißen Wasserbad unter Rühren bei geringer Temperatur schmelzen. Fülle 2 EL Kuvertüre in einen kleinen Gefrierbeutel und schneide eine kleine Ecke des Beutels ab. Füge jeweils vier Schokogebäckstäbchen auf Backpapier waagerecht und senkrecht zu einem Zaunelement zusammen (siehe Foto) und klebe sie an den Schnittstellen mit der Kuvertüre aus dem Beutel zusammen. Trocknen lassen.

3 Verknete die Marzipanrohmasse mit dem Puderzucker und färbe sie mit Lebensmittelfarbe grün ein. In zwei Portionen teilen und jeweils zwischen zwei aufgeschnittenen Gefrierbeuteln ausrollen. Lege die beiden Streifen überlappend als Wiese auf den Kuchen. Bedecke dabei auch die seitlichen Kuchenränder.

4 Gib die restliche Kuvertüre als „Matsch" in eine Ecke des Kuchens und verstreiche sie mit einem Pinsel.

5 Stecke die Zaunelemente vorsichtig in den Kuchen und lege die Möhren als Deko auf das Marzipan. Zum Schluss stellst du die Pferde auf die Weide.

Hufeisen-TRAUMFÄNGER

MATERIAL

FÜR DAS PINKFARBENE HUFEISEN:

- Fotokarton, A4
- Modelliermasse, lufttrocknend
- Acrylfarbe in Rosa
- Holzperlen in Pink, Weiß und Rosatönen, ø 10 und 15 cm
- Bastelfedern in Rosa, Pink und Weiß
- Baumwollschnur in Weiß, ø 3 mm, ca. 200 cm lang
- Küchenmesser
- Backpapier
- Nudelholz
- Papierstrohhalm

Vorlagebogen A

ANLEITUNG

1 Übertrage die Vorlage für das Hufeisen auf Fotokarton und schneide sie aus. Rolle die Modelliermasse auf Backpapier mit einem Nudelholz ca. 1 cm dick aus.

2 Jetzt legst du die Vorlage auf die Modelliermasse und schneidest mit einem Küchenmesser an der Außenkontur des Hufeisens entlang.

3 Stanze mit der Öffnung eines Strohhalms Löcher in das Hufeisen und lege das ausgeschnittene Hufeisen auf ein extra Stück Backpapier. Hier kannst du es (am besten über Nacht) gut durchtrocknen lassen.

4 Das Hufeisen mit Acrylfarbe bemalen und trocknen lassen.

5 Anschließend schneidest du drei ca. 50 cm lange Stücke von der Baumwollschnur zurecht. Falte die Schnur jeweils auf der Hälfte, ziehe sie mit der entstandenen Schlaufe durch eines der unteren Löcher deines Hufeisens und stecke die beiden Enden dann durch die Schlaufe. Jetzt kannst du das Ganze festziehen.

6 Schneide die Schnurenden auf verschiedene Längen zurecht. Fädle nach Lust und Laune Perlen auf die Schnüre und sichere sie jeweils mit einem Knoten in der Schnur.

7 An das Schnurende kannst du Federn knoten. Als Aufhängung knotest du jeweils das Ende einer ca. 30 cm langen Baumwollschnur um die beiden Enden des Hufeisens. Jetzt ist dein Traumfänger bereit zum Einsatz!

Be my PONY!

MATERIAL

- Gurtband in Mint, 25 mm breit, 2 m lang
- Gurtband in Pink, 25 mm breit, 1,10 m lang
- 2 Rundringe, ø 5 cm
- Webband in Braun mit Herzen in Rosa, 1,2 cm breit, 1,10 m lang
- Textilkleber
- Nähmaschine (optional)

ANLEITUNG

1 Schneide von dem pinkfarbenen Gurtband und von dem Webband jeweils ein 25 cm langes und ein 80 cm langes Stück zurecht. Erhitze alle Gurtbandenden (auch die des mintfarbenen Gurtbands) mit einem Feuerzeug, damit sie nicht ausfransen. Lass dir dabei von einem Erwachsenen helfen.

2 Lege die Webbandstücke jeweils mittig auf die entsprechenden Gurtbandstücke und nähe sie an den langen Kanten an. Lass dir dabei von einem Erwachsenen helfen. Du kannst die Webbandstücke auch mit Textilkleber aufkleben.

3 Fädle die Enden des kurzen pinkfarbenen Gurtbands jeweils 3 cm weit in einen Rundring, lege sie zu Schlaufen um den Ring und nähe sie fest. Wiederhole den Schritt mit dem langen pinkfarbenen Gurtband. Achte darauf, dass die Bänder nicht in sich verdreht sind und die Vorderseiten mit dem Webband auf dieselbe Seite zeigen.

4 Zum Schluss fädelst du die Enden des mintfarbenen Gurtbands durch die Ringe, legst sie zu Schlaufen und nähst sie fest. Setze im Abstand von 1 cm neben jeder Naht noch eine Naht, damit die Nähte schön stabil sind. Fertig ist dein Pferdegeschirr. Leg es an und ihr könnt losgaloppieren.

Pferde-STIFTEHALTER

MATERIAL

- leere Konservendose (800 ml Inhalt)
- Fotokarton in Braun und Hellbraun, je A4
- Fotokartonrest in Blau, Weiß und Rosa
- Acrylfarbe in Hellblau
- wasserfester Filzstift in Schwarz
- Klebestift
- UHU Bastelkleber

Vorlagebogen A

ANLEITUNG

1 Reinige die Konservendose gründlich und lass sie trocknen. Bemale die Dose mit hellblauer Acrylfarbe. Eventuell musst du sie zweimal anmalen, damit die Farbe gut deckt. Trocknen lassen.

2 Übertrage mithilfe der Vorlagen den Kopf einmal auf den braunen, Schopf und Schweif auf den hellbraunen Fotokarton. Ohr und Nüster überträgst du je zweimal auf rosafarbenen, das Halfterband einmal auf blauen und das Auge zweimal auf weißen Fotokarton. Schneide die Teile aus.

3 Klebe Schopf, Ohren, Augen, Halfter und Nüstern mit Klebestift auf die Vorderseite des Kopfes. Zeichne mit schwarzem Filzstift Pupillen und Wimpern auf.

4 Klebe den Kopf mit Bastelkleber auf die Vorderseite der Dose und den Schweif auf die Rückseite.

TIPP
In der Dose kannst du Stifte und allerlei Kleinkram aufbewahren. Du kannst sie aber auch prima als Geschenkverpackung verwenden.

Leuchte, MEIN PONY!

MATERIAL

- Papierlaterne (Lampion), ø 20 cm
- Fotokarton in Hellbraun, 2x A4
- Fotokartonrest in Dunkelbraun
- 4 Schraubverschlüsse, ø 3 cm
- Acrylfarbe in Braun und Schwarz
- wasserfeste Filzstifte in Schwarz und Weiß
- Klebestift
- Heißklebepistole
- batteriebetriebener Laternenstab

Vorlagebogen A

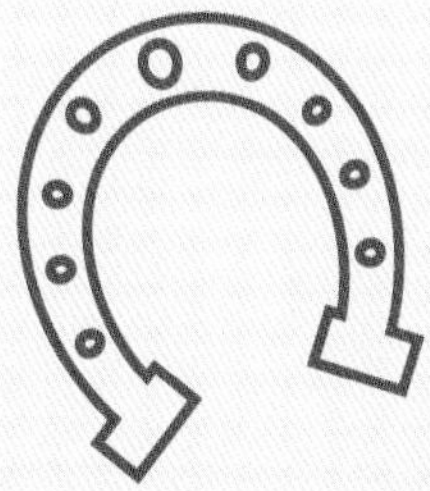

ANLEITUNG

1 Bemale die Papierlaterne mit brauner Acrylfarbe. Das Papier wird dadurch leicht schrumpelig, glättet beim Trocknen aber wieder. Die Schraubverschlüsse bemalst du mit schwarzer Acrylfarbe. Trocknen lassen.

2 Übertrage die Vorlagen für Kopf und Schweif je einmal auf hellbraunen Fotokarton. Mähne und Schopf überträgst du je zweimal auf dunkelbraunen Fotokarton. Schneide die Teile aus. Klebe Mähne und Schopf mit Klebestift auf beiden Seiten des Kopfes fest. Danach schneidest du den Fotokarton am Hals und am Schweif an den markierten Stellen ein. Zeichne mit Filzstift Augen, Maul und Nüstern auf den Kopf.

3 Schneide aus hellbraunem Fotokarton acht 2,5 cm x 29 cm große Streifen zurecht. Falte daraus vier Hexentreppen (siehe Grundanleitung Seite 13).

4 Klebe die Schraubdeckel jeweils mit der Klebepistole als Hufe an ein Ende der Hexentreppen. Lass dir dabei von einem Erwachsenen helfen. Klebe die Hexentreppen anschließend als Beine an die Unterseite der Laterne.

5 Klebe Kopf und Schweif mit der Klebepistole an den Laschen an die Laterne. Befestige die Laterne zum Schluss an dem Laternenstab.

Essbares Glück

HUFEISENBRÖTCHEN

ZUTATEN FÜR 10 STÜCK

- 500 g Weizenmehl
- 1 TL Salz
- 125 ml Wasser
- 100 ml Milch
- 1 Päckchen Trockenhefe
- Salzwasser zum Kochen
- Schaschlikstäbchen
- Schaumkelle

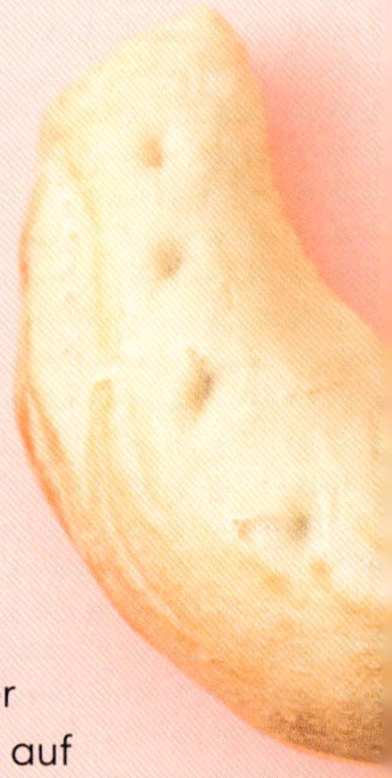

ANLEITUNG

1 Mehl, Salz und Trockenhefe in einer Schüssel vermengen. Die Milch und das Wasser in der Mikrowelle leicht erwärmen. Dann werden sie zugefügt und mit den Knethaken des Handrührgerätes gut durchgeknetet.

2 Den Teig für 30 Minuten an einem warmen Ort gehen lassen. Danach wird er auf einer gut bemehlten Arbeitsfläche zu einer dicken Rolle geformt. Schneide mit einem Messer ca. zehn gleich große Stücke daraus.

3 Forme jedes Stück Teig zuerst zu einer Wurst, biege es anschließend in Hufeisenform und stich mit einem Schaschlikstäbchen Löcher als Löcher für die Hufeisennägel hinein.

4 Jetzt wird gebadet. Dafür bringst du 1 l Wasser mit 4 EL Salz zum Kochen. Lege das Hufeisen auf eine Schaumkelle und bade es für ca. 30 Sekunden in der Lauge. Anschließend kannst du es auf ein mit Backpapier ausgelegtes Blech legen. Wiederhole das für alle Hufeisen.

5 Den Backofen auf 200°C vorheizen und die Hufeisen für ca. 20 Minuten darin backen, bis sie leicht gebräunt sind. Guten Appetit!

Hottehü-
GESCHENKTÜTE

MATERIAL

- Papiertüte in Braun, 12 cm x 21 cm, 6 cm tief
- Fotokartonrest in Braun, Hellbraun, Weiß und Schwarz
- 2 Klebepunkte in Schwarz, ø 1 cm
- Klebestift
- transparenter Klebefilm oder Hefter

Vorlagebogen A

ANLEITUNG

1 Übertrage mithilfe der Vorlagen Schopf und Mähne je einmal auf braunen, die Ohren zweimal und die Schnauze einmal auf hellbraunen Fotokarton. Schneide die Teile aus.

2 Klebe auf die Vorderseite der Tüte den Schopf und die Ohren mit ca. 1 cm Abstand zum oberen Tütenrand und die Schnauze unten auf die Tüte auf. Die Mähne klebst du seitlich in den Zwischenraum der Tüte.

3 Übertrage das Auge mithilfe der Vorlage zweimal auf weißen Fotokarton, die Pupille zweimal auf schwarzen Fotokarton. Schneide die Teile aus und klebe sie auf die Vorderseite der Tüte. Klebe die schwarzen Klebepunkte als Nüstern auf die Schnauze.

4 Jetzt brauchst du nur noch die Geschenktüte zu füllen, den 1 cm breiten oberen Rand nach hinten zu falten und mit Klebefilm oder einem Hefter zu verschließen.

TIPP

Die Geschenktüte ist eine tolle Verpackung für alle deine pferdebegeisterten Freundinnen und Freunde. Du kannst auch prima Mitgebsel hineinfüllen und am Ende einer Pferdeparty verschenken.

Lucky HORSE

MATERIAL

- 2 Socken in Weiß-Lila geringelt
- gemusterter Baumwollstoff, 8 cm x 12 cm
- 2 Knöpfe in Türkis, ø 15 mm
- Wollrest in Gelb
- Füllwatte
- Nähnadel
- Nähgarn

Vorlagebogen A

ANLEITUNG

1 Schneide für den Kopf die Spitze einer Socke bis zur Ferse ab. Vom restlichen Sockenstück schneidest du die Ferse ab, sodass ein Schlauch mit geraden Enden entsteht. Das wird später der Pferdebauch.

2 Wende die zweite Socke auf links. Übertrage auf diese mithilfe der Vorlagen zweimal das Ohr, viermal das Bein und einmal den Schweif. Schneide die Teile aus.

3 Stopfe Füllwatte in den Kopf und nähe ihn mit Heftstichen zu. Nun nähst du ein Ende des Pferdebauchs zu, stopfst den Schlauch gut mit Füllwatte und nähst anschließend das andere Ende zu.

4 Nähe jetzt die Beine und Ohren rechts auf rechts an den Kanten zusammen, die obere Kante der Beine bleibt offen. Wende die Teile. Stopfe Füllwatte in die Beine. Schließe die Öffnung mit ein paar Stichen und nähe die Beine von unten an den Pferdebauch. Den Schweif nähst du hinten an den Pferderücken. Die Ohren befestigst du mit ein paar Stichen oben am Kopf.

5 Schneide aus dem Wollrest für die Mähne 20 ca. 15 cm lange Fäden und für den Schweif zehn ca. 10 cm lange Fäden zurecht. Lege die Fäden für Mähne und Schweif jeweils übereinander und knote sie mittig mit einem Faden zusammen. Nähe die Mähne am Kopf fest, die Schweifhaare nähst du hinten am Schweif fest. Zum Schluss nähst du den Kopf und den bunten Stoff als Satteldecke mit ein paar Stichen an den Körper. Die Knöpfe nähst du als Augen auf.

Flippiges PONY-SHIRT

MATERIAL

- T-Shirt in Weiß in deiner Größe
- Baumwollstoff in bunt gemustert, 25 cm x 25 cm
- Baumwollstoff in Gelb mit weißen Punkten, 13 cm x 13 cm
- Vliesofix®, 35 cm x 40 cm
- 1 Halbperle in Schwarz, ø 8 mm
- Textilkleber

Vorlagebogen A

ANLEITUNG

1 Übertrage die Vorlagen für Pony, Mähne und Schweif zuerst auf Vliesofix®; lege dazu das Vliesofix® mit der rauen Seite auf die Vorlagen und zeichne die Linien mit Bleistift nach.

2 Schneide die Motive grob aus. Lege das Pony mit der rauen Seite auf die linke Seite des bunten Stoffs, Mähne und Schweif legst du auf die linke Stoffseite des gelben Stoffs. Bügle die Vliesofix®-Zuschnitte auf; lass dir dabei von einem Erwachsenen helfen. Auskühlen lassen.

3 Schneide das Pony, die Mähne und den Schweif mit einer Schere entlang der aufgezeichneten Linien exakt aus.

4 Zieh das Trägerpapier vom Vliesofix® ab und lege die Pony-Teile mit der beschichteten Seite passend auf das T-Shirt. Bügle die Teile mit leichtem Druck auf. Beachte die Herstellerangaben.

5 Klebe die Halbperle mit Textilkleber als Auge auf.

TIPP

Anstatt die Pony-Teile mit Vliesofix® aufzubügeln, kannst du sie mithilfe der Vorlagen auch gleich aus dem entsprechenden Stoff zuschneiden und mit Textilkleber auf das T-Shirt kleben.

Happy HAFLINGER

MATERIAL

- 3 leere Klopapierrollen
- Styropor®-Kugel, ø 4 cm
- Graupappe, 2 mm stark, A5
- Kreppapier in Gelb, ca. 1 Rolle
- Satinband in Pink, 6 mm breit, 40 cm lang
- Baumwollstoff in Rosa-Weiß kariert, 6 cm x 15 cm
- Acrylfarbe in Braun
- wasserfeste Filzstifte in Weiß und Schwarz
- Kieselstein, ø 3–4 cm
- UHU Bastelkleber
- Heißklebepistole

Vorlagebogen B

ANLEITUNG

1 Schneide für den Hals eine Klopapierrolle längs auf und drehe sie zu einer schmaleren Rolle (ø 3,5 cm). Klebe die Kanten mit der Klebepistole zusammen.

2 Schneide für den Kopf die zweite Klopapierrolle längs auf. Schneide ein Drittel davon ab. Gib etwas Bastelkleber auf den unteren Rand der Klopapierrolle und lege die Kante so um die Styropor®-Kugel, dass diese zur Hälfte herausschaut. Klebe die Seiten mit der Klebepistole zusammen.

3 Übertrage viermal das Bein und zweimal das Ohr auf Graupappe. Schneide die Teile aus. Male Beine, Ohren, Hals und Kopf sowie die dritte Klopapierrolle für den Körper braun an. Trocknen lassen.

4 Male mit Filzstift Augen und Hufe auf. Klebe die Pferde-Teile mit der Klebepistole zusammen. Achte darauf, dass die Beine denselben Abstand zum Boden haben. Schiebe den Stein von hinten in den Körper und klebe ihn mit der Klebepistole fest. Jetzt steht das Pferd stabil.

5 Schneide jetzt 40 Krepppapierstreifen zu je 1 cm x 15 cm zurecht. Fasse für den Schweif 20 Streifen zusammen, verdrehe auf einer Seite die Enden und gib etwas Bastelkleber darauf. Lege für die Mähne die übrigen Streifen übereinander und binde sie mit einem Extrastreifen mittig ab. Klebe Mähne und Schweif an das Pferd. Knote aus dem Satinband ein Halfter und klebe den Stoff als Satteldecke auf. Die kurzen Enden als Fransen einschneiden.

Vollkorn-LECKERLI

ZUTATEN FÜR 50 STÜCK

- 200 g Weizenvollkornmehl
- 150 g Vollkornhaferflocken
- 225 g Apfel- oder Bananenmus (ohne Zuckerzusatz)

ANLEITUNG

1 Den Backofen auf 180 °C vorheizen. Mehl, Haferflocken und das Mus in einer Rührschüssel zu einem geschmeidigen Teig vermengen, der sich gut formen lässt. Ist der Teig zu trocken, gibst du ein bisschen Wasser dazu. Ist er zu feucht, rührst du etwas mehr Mehl ein.

2 Forme den Teig zu 3 cm dicken Rollen. Danach schneidest du die Rollen mit einem scharfen Messer in ca. 2 cm breite Scheiben.

3 Lege die Scheiben auf ein mit Backpapier ausgelegtes Blech und backe sie zehn Minuten. Auskühlen lassen. Die Leckerlis werden beim Backen dunkler und härter. Lass sie einen Tag ruhen, bevor du sie verwendest. Die Leckerlis müssen richtig gut durchgetrocknet sein. Sie schmecken übrigens Pferd und Reiter!

TIPP
Schön verpackt sind die Leckerlis auch ein prima Geschenk für Reiterfreunde.

SILVA

TRIXI

Hübsches STALLSCHILD

MATERIAL

- 2 Pappteller, 13 cm x 20 cm
- Webband in Hellblau, 1 cm breit, 70 cm lang
- Masking Tape in Pink gemustert und in Weiß mit blauen Punkten
- Geschenkpapier in Hellblau-Weiß kariert, 13 cm x 7 cm
- Pferdefoto, 9 cm x 6,5 cm
- Holzbuchstaben für den Namen in Schwarz, 3 cm hoch
- Klebestift
- UHU Bastelkleber
- Klebefilm, tansparent
- Lochzange

ANLEITUNG

1 Klebe das Geschenkpapier mit Klebestift mittig auf den ersten Pappteller. Um das Geschenkpapier herum klebst du einen Rahmen aus pinkfarbenem Masking Tape und auf den Rand des Tellers, jeweils zwischen die Ecken, Streifen aus weiß-blauem Masking Tape. Klebe den Namen aus Holzbuchstaben mit Bastelkleber auf das Schild.

2 Klebe das Pferdefoto mittig auf den zweiten Pappteller. Rund um das Foto klebst du pinkfarbenes Masking Tape. Die Ränder beklebst du mit blau-weißem Masking Tape.

3 Stanze mit der Lochzange je ein Loch in die Ecken des Namensschilds. In das Schild mit dem Foto stanzt du nur an der Oberkante links und rechts je ein Loch.

4 Schneide zwei jeweils 7 cm lange Stücke Webband zurecht. Fädle ein Stück von hinten durch das linke Loch des Fotoschilds, danach von vorn durch das linke untere Loch am Namensschild. Klebe die Enden auf der Rückseite mit Klebefilm fest. Wiederhole den Schritt auf der rechten Seite.

5 Schneide für den Aufhänger ein 50 cm langes Stück Webband zurecht. Fädle die Enden jeweils von vorn durch die beiden Löcher an der Oberkante des Namensschilds und klebe sie auf der Rückseite mit Klebefilm fest.

Witziges HUFEISEN-SPIEL

MATERIAL

- Pappteller, ø 23 cm
- leere Küchenrolle
- Pappkarton, 6 mm stark, 50 cm x 70 cm
- Acrylfarbe in Silber, Hellblau, Rosa und Hellgelb
- Styropor®-Kugel, ø 6 cm
- UHU Alleskleber Kraft oder starkes Klebeband
- wasserfester Filzstift in Schwarz

Vorlagebogen B

ANLEITUNG

1 Übertrage mithilfe der Vorlage sechs Hufeisen auf den Pappkarton und schneide die Teile aus. Die Hufeisen malst du mit Acrylfarbe in Silber auf beiden Seiten an. Trocknen lassen. Male die Nagellöcher mit schwarzem Filzstift auf.

2 Falte den Pappteller einmal zur Hälfte. Öffne ihn wieder, drehe ihn mit einer Vierteldrehung und falte ihn erneut zur Hälfte. Schneide die Faltlinien an ihrem Schnittpunkt in der Mitte des Tellers ein und biege die Laschen so auseinander, dass eine Küchenrolle hineinpasst. Schiebe die Küchenrolle durch die Öffnung im Teller und klebe sie auf der Rückseite mit Klebstoff oder Klebeband fest.

3 Bemale Teller, Küchenrolle und Styropor®-Kugel mit Acrylfarbe und lass alles gut trocknen.

4 Klebe zum Schluss die Kugel mit Klebstoff auf die obere Öffnung der Küchenrolle.

TIPP

So wird gespielt: Aus einer Entfernung von 1,5 m werft ihr die Hufeisen auf die Halterung. Wer die meisten trifft, hat gewonnen!

Ponyglück-TASCHE

MATERIAL

- 2 Pappteller in Weiß, ø 24 cm
- Fotokartonrest in Weiß, Hellrosa und Rosa
- Wollrest in Rosa und Hellrosa
- Geschenkband in Rosa-Weiß kariert, 5 mm breit, 8 cm lang und 16 mm breit, 1 m lang
- Acrylfarbe in Beige und Hellbraun
- wasserfester Filzstift in Schwarz
- UHU Bastelkleber

Vorlagebogen B

ANLEITUNG

1 Schneide einen Pappteller in zwei gleich große Hälften. Übertrage mithilfe der Vorlagen viermal das Bein, einmal den Kopf und zweimal das Ohr auf den zweiten Pappteller, positioniere den geriffelten Tellerrand am oberen Hals und Kopf sowie an den Hufen. Schneide die Teile aus. Bemale die Mähne in Beige, die übrigen Teile in Hellbraun. Gut trocknen lassen.

2 Übertrage mithilfe der Vorlagen zweimal das Auge auf weißen und einmal die Sattelteile auf rosa bzw. hellrosa Fotokarton. Schneide die Teile aus und klebe sie auf.

3 Wickle für den Schopf zwei Wollfäden in Rosa und Hellrosa um drei Finger, für den Schweif um die Handfläche und arbeite die Wollhaare wie auf Seite 5 beschrieben.

4 Klebe jeweils zwei Beine an den schmalen Enden versetzt zusammen. Trocknen lassen. Klebe Schweif, Kopf, Beine und das lange Band auf die Innenseite einer Taschenhälfte. Zum Schluss klebst du die andere Taschenhälfte darauf, lässt aber die obere, gerade Kante offen. Alles gut trocknen lassen.

5 Klebe nun Ohren, Augen, Schopf und das kurze Band als Halfterband auf den Kopf. Zeichne zum Schluss mit Filzstift Pupillen, Wimpern und Nüstern auf.

THINGS

Pony-Parade ALS GIRLANDE

MATERIAL

- Fotokarton in Grau und Hellbraun, je A3
- Fotokarton in Weiß, Gelb, Pink, Hellgrün und Hellblau, je A4
- Acrylstifte in Weiß und Schwarz
- Satinband, 7 mm x 5 m
- Heißklebepistole
- Klebestift

Vorlagebogen B

ANLEITUNG

1 Übertrage zuerst die Vorlagen mit Bleistift auf Fotokarton und schneide sie aus. Das Band des Abzeichens brauchst du zweimal.

2 Klebe die Einzelteile für Pferdekopf und Schleife passend mit Klebestift zusammen.

3 Zeichne den Pferdeköpfen Augen und Pupillen mit weißem und schwarzem Acrylstift auf.

4 Klebe die einzelnen Girlandenteile mit Heißkleber auf der Rückseite an ein Satinband.

1
1
1

Gescheckter SCHLÜSSELANHÄNGER

MATERIAL

- Filzrest in Weiß, Hellbraun, Dunkelbraun, Rosa, Hellgrau und Schwarz
- Webband in Rosa-Weiß kariert, 6 mm breit, 8 cm lang
- Füllwatte
- Textilkleber
- Nähnadel
- Nähgarn in Weiß
- Stecknadeln

Vorlagebogen B

TIPP
Du kannst anstatt Filzaugen auch Wackelaugen aufkleben.

ANLEITUNG

1 Übertrage mithilfe der Vorlagen den Kopf zweimal auf weißen Filz, die Schnauze einmal sowie das Ohr zweimal auf hellbraunen Filz, den Schopf und die Mähne je einmal auf dunkelbraunen Filz, die Nüster zweimal und den Mund einmal auf rosafarbenen Filz, das Auge zweimal auf grauen und die Pupille zweimal auf schwarzen Filz. Schneide die Teile aus.

2 Lege die beiden Kopfteile aufeinander und fixiere die Lagen mit Stecknadeln. Schiebe die Mähne seitlich und die Ohren von oben zwischen die beiden Lagen. Das Webband faltest du einmal in der Mitte und schiebst die Enden oben am Pferdekopf mittig zwischen die Lagen.

3 Nähe den Kopf an den Kanten von Hand mit Heftstichen zusammen, dabei fasst du die Mähne, die Ohren und das Webband mit. Lass unten am Kopf eine 3 cm lange Öffnung.

4 Stopfe den Kopf durch die Öffnung mit Füllwatte; du kannst dafür das stumpfe Ende eines Bleistifts zu Hilfe nehmen. Nähe die Öffnung zu.

5 Zum Schluss klebst du die Filzteile für das Gesicht und die Schnauze sowie den Schopf mit Textilkleber auf.

Werd zum Pferd!
PFERDE-MASKE

MATERIAL

- Fotokarton in Weiß, A3
- Bastelfilz in Beige, Braun, Dunkelbraun, Schwarz und Rosa, 20 x 30 cm
- UHU Bastelkleber oder Stoffkleber
- Lochzange
- Hutgummi, ø 2,2 mm, 30 cm lang

Vorlagebogen B

ANLEITUNG

1 Übertrage die Vorlagen auf festen, weißen Fotokarton und schneide sie aus. Ohren, Innenohren und Nüstern brauchst du jeweils zweimal.

2 Dann klebst du die Vorlagen mit Stoff- oder Bastelkleber auf den passenden Bastelfilz und lässt den Kleber gut durchtrocknen. Anschließend kannst du die Einzelteile erneut ausschneiden.

3 Klebe die Teile zu einem Pferdekopf zusammen. Du kannst dich dabei an dem Foto orientieren.

4 Mit einer Lochzange drückst du rechts und links 4 mm große Löcher in die Maske.

5 Schneide ein ca. 30 cm, langes Stück Hutgummischnur zurecht und verknote die Enden an der Maske.

Fröhliche REITER-CUPCAKES

ZUTATEN FÜR 20 STÜCK

FÜR DEN TEIG:

- 200 g Butter, zimmerwarm
- 250 g Zucker
- 1 Päckchen Vanillezucker
- 1 Prise Salz
- 4 Eier (Größe M)
- 500 g Mehl
- 1 Päckchen Backpulver
- Mineralwasser mit Kohlensäure

FÜR DIE DEKORATION:

- 150 g Zartbitterkuvertüre
- 20 Biskuit-Zungen
- 40 Zuckeraugen
- 40 halbe Erdnusskerne, geschält
- 300 g Sahne
- Lebensmittelfarbe in Rosa
- 1 EL bunte Zuckerperlen
- 20 Cupcake-Förmchen (ø 7 cm)

ANLEITUNG

1 Den Backofen auf 200 °C vorheizen. Für den Teig Butter, Zucker, Vanillezucker, Salz und Eier in einer Schüssel mit dem Schneebesen gut verrühren. Mehl und Backpulver zugeben und zu einer geschmeidigen Masse verrühren. Sollte der Teig noch zu fest sein, etwas Mineralwasser unterrühren. Den Teig in die Förmchen füllen und 15 Minuten backen. Auskühlen lassen.

2 Für die Pferdeköpfe die Kuvertüre über dem heißen Wasserbad schmelzen. Fülle die flüssige Schokolade in einen Spritzbeutel mit dünner Tülle (ø 3 mm) und klebe die Zuckeraugen mit der Schokolade auf die Biskuit-Zungen. Schokolade in Streifen als Schopf aufspritzen. Setze je zwei Erdnusshälften als Ohren darauf. An der Schnauze zwei Streifen als Halfter und zwei Pünktchen als Nüstern aufspritzen.

3 Die Sahne in einer Schüssel mit Lebensmittelfarbe färben und steif schlagen. In einen Spritzbeutel füllen und mit einer Sterntülle auf die Cupcakes spritzen. Lege jeweils einen Pferdekopf auf die Sahnehaube und bestreue die Cupcakes mit Zuckerperlen.

THINGS

Reiter-
TAGEBUCH

MATERIAL

FÜR DIE TÜRKISENE VERSION:

- Bügelperlen in Weiß, Türkis, Gelb, Grün, Rosa, Violett, Blau und Schwarz
- Steckplatte, 15 cm x 15 cm
- Masking Tape (optional)
- Notizbuch, A4
- Backpapier
- UHU Alleskleber Kraft
- Bügeleisen und Bügelbrett

ANLEITUNG

1 Sortiere die Bügelperlen der Farbe nach. Ordne die Bügelperlen auf der Steckplatte zu einem Pferdekopf (siehe Foto). Beginne mit der unteren Reihe und arbeite dich Reihe für Reihe nach oben.

2 Lege ein Stück Backpapier über das Bügelperlenmotiv und bügle die Perlen nach Herstelleranleitung. Entferne anschließend das Backpapier. Abkühlen lassen.

3 Klebe das Pferdemotiv mit der nicht gebügelten Seite nach oben zeigend mit Kraftkleber auf das Notizbuch. Trocknen lassen. Zum Schluss kannst du das Heft noch mit Masking Tape verzieren.

TIPP

Wenn du den Pferdekopf nach dem Abkühlen nicht sofort weiterverarbeitest, beschwerst du ihn am besten mit einem Buch, damit er sich nicht wölbt.

Party-Pferde-PIÑATA

MATERIAL

- Graupappe, 2 mm, 50 x 70 cm
- Fotokarton in Braun und Weiß, je A4
- Fotokartonrest in Schwarz
- Krepppapier in Weiß und Beige, je ca. 2 Rollen
- Heißklebepistole
- Klebestift
- Cutter mit Schneideunterlage

Vorlagebogen B

ANLEITUNG

1 Den Pferdekopf mit dem Cutter aus Graupappe nach Vorlage zweifach zuschneiden, das Pferdemaul einfach. Für den Rand der Piñata benötigst du vier Streifen Graupappe von jeweils 4 cm x 30 cm. Schneide sie ebenfalls zu.

2 Lege die erste Pferdekopf-Form flach vor dich hin und beginne seitlich mit dem Ankleben des Randes. Dafür biegst du die Pappstreifen vorher etwas zurecht, dann formt es sich leichter. Gib den Heißkleber auf den inneren Rand der Pferdeform und klebe die Pappstreifen entlang des Randes fest.

3 Bis auf einen ca. 6 cm breiten Streifen unten mittig, wird der Rand einmal ringsherum geklebt. Die 6 cm werden nachher die kleine Öffnung, mit der du die Piñata befüllen kannst.

4 Die zweite Kopfform wird ebenfalls mit Heißkleber auf den Seitenrand geklebt. Fertig ist das Grundgerüst!

5 Jetzt schneidest du von der zusammengerollten beigefarbenen Krepppapierrolle 2 cm breite Streifen ab. Die Streifen werden alle 5 mm eingeschnitten und anschließend auseinandergerollt.

6 Mit Klebestift beginnst du unten die Streifen ringsherum aufzukleben. Arbeite dich bis hoch zu den Ohren vor. Wiederhole das Ganze mit weißem Krepppapier auf der Fläche, die du als Pferdemaul ausgeschnitten hast. Danach kannst du sie vorne auf die Piñata kleben.

7 Schneide Mähne und Stirnblesse einmal, Augen, Mund und Nüstern je zweimal mithilfe der Vorlagen aus und klebe sie mit Klebestift an die entsprechenden Stellen. Orientiere dich dabei an dem Foto.

8 Jetzt befüllst du die Piñata mit süßen Leckereien und schließt die Öffnung unten, indem du einem breiten Streifen Krepppapier mit Heißkleber darüber klebst.

Bunte TURNIERSCHLEIFEN

MATERIAL

- Tonpapier in Orange, Rosa und Koralle, je A4
- Papiermuffinformen in verschiedenen Farben, 3x ø 6 cm und 3x ø 4 cm
- Klebezahlen 1, 2 und 3 in Schwarz
- Satinband in Hellgrün, Orange und Pink, 20 mm breit, 20 cm lang
- 3 Broschennadeln, 25 mm lang
- Klebestift
- Heißklebepistole

ANLEITUNG

1 Schneide pro Turnierschleife zwei 5 cm x 29 cm große Streifen aus Tonpapier in der Farbe deiner Wahl. Beginne an einer schmalen Kante, die Streifen abwechselnd immer 5 mm nach vorn und nach hinten zu falten, sodass eine Ziehharmonika entsteht. Klebe die Streifen an den schmalen Kanten mit der Klebepistole zu einer kreisförmigen Rosette zusammen.

2 Schneide pro Rosette zwei 5 cm x 5 cm große Stücke Tonpapier zu. Klebe auf jede Seite der Rosette ein Tonpapierstück auf; sie geben der Rosette mehr Festigkeit.

3 Klebe je eine große Muffinform mit Klebestift auf je eine Rosette. Die kleine Muffinform klebst du mittig auf die große. In die Mitte der kleinen Muffinform klebst du jeweils eine Klebezahl. Streiche die Ränder der Muffinformen flach.

4 Falte die Satinbänder zur Hälfte und klebe sie mit der Umbruchkante auf der Rückseite je einer Rosette an. Schneide die Enden schräg zu. Zum Schluss klebst du die Broschennadeln mit der Klebepistole auf der Rückseite fest.

1
2
3

Pferdestarker ARMSCHMUCK

MATERIAL

- Schrumpffolie, A4
- Bleistift
- Filzstifte
- Schere
- Spaltringe, ø 6 mm (einen pro Anhänger)
- Gliederarmband, Länge ca. 15–18 cm, je Handgelenk
- Lochzange

Vorlagebogen B

ANLEITUNG

1 Zuerst überträgst du die Vorlagen mit Bleistift auf die raue Seite der Schrumpffolie. Male die Motive anschließend nach Wunsch mit Filzstiften aus. Ganz wichtig: Farben gut trocknen lassen!

2 Schneide die Motive aus und stanze jeweils an der Oberkante mit der Lochzange ein 4 mm großes Loch. Lege die Motive mit der bemalten/rauen Seite nach oben auf ein Stück Backpapier und schrumpfe sie nach Herstelleranleitung im Backofen. Anhänger danach komplett abkühlen lassen!

3 Ziehe nun durch das gestanzte Loch jedes Anhängers einen Spaltring und befestige die Anhänger an deinem Armband.

WÄRMEKISSEN zum Wiehern

MATERIAL

FÜR DAS GRAUE KISSEN:

- Filz in Hellgrau, A4
- Filz in Hellbraun und Weiß, je A5
- Filzrest in Schwarz und Rosa
- Webband in Blau-Weiß kariert, 2 cm breit, 20 cm lang
- Filzblume in Rosa, ø 4 cm
- 200–300 g Kirsch- oder Dinkelkerne
- Nähnadel
- farblich passendes Nähgarn
- Stecknadeln
- Textilkleber

Vorlagebogen B

ANLEITUNG

1 Übertrage für das graue Kissen mithilfe der Vorlagen zweimal den Kopf auf grauen Filz, einmal den Schopf und zweimal das Ohr auf hellbraunen Filz, zweimal das Auge und einmal die Schnauze auf weißen Filz, zweimal die Pupille auf schwarzen Filz sowie zweimal die Nüster und einmal das Maul auf rosa Filz. Schneide die Teile aus. (Für das braune Kissen die Teile gemäß Foto auf Stoff und Filz übertragen.)

2 Lege jetzt die beiden Kopfteile aufeinander und fixiere die Lagen mit Stecknadeln. Nähe die Teile an den Kanten rundherum mit Heftstichen zusammen, lass dabei unten eine 6–7 cm lange Wendeöffnung und setze die Stiche schön dicht. Wende den Kopf durch die Öffnung und bügle ihn.

3 Klebe Schopf, Ohren, Augen, Pupillen, Schnauze, Nüstern und Maul mit Textilkleber auf die Vorderseite des Kopfes. Anschließend klebst du das Webband als Halfterband quer über die Schnauze.

4 Fülle das Kissen mit Kirsch- oder Dinkelkernen. Nähe die Öffnung zu und fertig ist das Wärmekissen.

TIPP

Zum Wärmen legst du das Kissen zwei Minuten in die Mikrowelle oder fünf Minuten bei 180 °C in den Backofen.

Lieblingsbild im HUFEISEN-RAHMEN

MATERIAL

- Fotokarton in Hellblau, Hellgrün und Rosa, je A5
- Pferdefotos, 10 x 15 cm
- Klebestift
- UHU Bastelkleber
- Buchstabenperlen für die Namen
- Polymer Clay Perlen in Grün, Blau und Pink, 6 mm
- Acrylstift in Weiß
- Schaschlikstäbchen

Vorlagebogen A

ANLEITUNG

1 Übertrage die Vorlage auf Fotokarton und schneide das Hufeisen aus. Dann legst du das Hufeisen auf dein Pferdebild, positioniert es wie gewünscht und zeichnest dann entlang dem Hufeisenrand eine Orientierungslinie auf das Bild.

2 Schneide das Foto entlang der gezeichneten Linie zurecht und klebe es mit Klebestift von hinten an dein Hufeisen.

3 Als Nächstes malst du einmal mit einem weißen Acrylstift entlang der Innen- und Außenkontur des Hufeisens.

4 Klebe den Namen deines Pferdes aus Buchstabenperlen unten mittig auf das Hufeisen. Am besten funktioniert das, wenn du den Bastelkleber mit der Spitze eines Schaschlikstäbchens aufträgst. So gelangt nicht zu viel Klebstoff auf die Rückseite der Perlen.

5 Genauso kannst du auch die Polymer Clay Perlen aufkleben. Lass den Kleber gut durchtrocknen, bevor du deinen Hufeisen-Rahmen aufhängst. Am einfachsten lässt er sich mit wiederablösbaren Klebepads an der Wand befestigen.

RAUDI
BLITZ

Mini-PFERDEBOX

MATERIAL

- 45 Eisstäbchen, 1 cm breit, 11,3 cm lang
- 16 Wattestäbchen
- 5 Schaschlikstäbchen
- Holzleim

ANLEITUNG

1 Für die Rückwand klebst du elf Eisstäbchen jeweils an den langen Kanten zu einer Wand zusammen. Am linken und rechten Rand jeweils ein Eisstäbchen senkrecht aufkleben.

2 Für die beiden Seitenwände jeweils vier Eisstäbchen an den langen Kanten zusammenkleben. Klebe am linken und rechten Rand jeweils ein Eisstäbchen senkrecht auf. Als oberen Abschluss ein Stäbchen waagerecht aufkleben. Auf der Innenseite jeweils acht Wattestäbchen mit 1 cm Abstand als Gitterstäbe ankleben.

3 Schneide für die Stallvorderseite vier Eisstäbchen mittig durch. Sechs Hälften an den langen Kanten zusammenkleben. Ein halbes Stäbchen hochkant zwischen dem dritten und vierten Stäbchen als Ablage aufkleben (siehe Pfeil in kleinem Foto). Drei lange Stäbchen parallel zueinander im Abstand von ca. 5,5 cm auf den Tisch legen. Die halbe vordere Wand auf die beiden rechten Stäbchen kleben. Als oberen Abschluss klebst du ein Stäbchen waagerecht auf.

4 Lege die Rückwand auf die Arbeitsfläche. Klebe die beiden Seitenteile an. Trocknen lassen, dabei die Teile ggf. mit jeweils einem Bücherstapel stabilisieren. Zum Schluss klebst du die Vorderseite an.

5 Für die Zaunelemente je ein Schaschlikstäbchen und ein Eisstäbchen in zwei Hälften schneiden. Lege die Eisstäbchenhälften mit etwas Abstand auf die Arbeitsfläche und klebe die beiden Schaschlikstäbchenhälften an den Rändern überstehend auf. Trocknen lassen. Zum Schluss den Zaun senkrecht auf ein langes Eisstäbchen kleben.

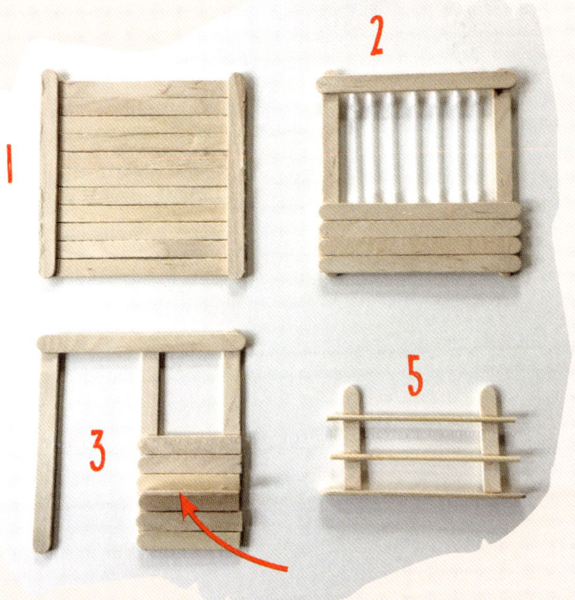

Haarspangen-MÄHNE

MATERIAL

- Pappkarton, ca. 5 mm stark, 40 cm x 50 cm
- Acrylfarbe in Hellbraun und Beige
- Wolle in Beige, 50 g
- wasserfeste Filzstifte in Weiß und Schwarz
- Satinband in Türkis, 6 mm breit, 12 cm lang
- Plakat-Öse, ø 40 mm
- UHU Bastelkleber

Vorlagebogen A

ANLEITUNG

1 Übertrage mithilfe der Vorlagen einmal den Kopf und zweimal das Ohr auf Pappkarton. Schneide die Teile aus; dafür brauchst du eine gute Schere. Bemale die Teile mit hellbrauner Acrylfarbe, das Innere der Ohren und die Blesse malst du in Beige. Trocknen lassen.

2 Klebe die Ohren mit Bastelkleber versetzt aufeinander. Trocknen lassen. Anschließend klebst du die Ohren von hinten an den Pferdekopf.

3 Für die Mähne wickelst du Wolle ca. 25-mal um ein 50 cm langes Stück Pappe. Entferne die Pappe und binde das obere Drittel des Wollknäuels mit einem Extrafaden ab. Schneide die Schlaufen an den beiden Enden auf, sodass eine Mähne entsteht.

4 Klebe die Mähne auf der Höhe der Ohren mit Bastelkleber an den Kopf. Den oberen Teil der Mähne kannst du, wenn nötig, breit gefächert am Hals ankleben. Male dem Pferd mit Filzstiften ein Auge und klebe das Satinband als Halfter auf.

5 Damit du den Haarspangenhalter an der Wand befestigen kannst, klebst du auf der Rückseite eine Plakat-Öse auf.

TIPP
Du kannst deine Haarspangen und Haargummis in die Mähne stecken oder knoten. So hast du sie immer griffbereit.

BUCHEMPFEHLUNGEN FÜR DICH

ISBN 978-3-7724-4952-9

ISBN 978-3-7724-7801-7

ISBN 978-3-7724-4674-0

ISBN 978-3-7358-9144-0

ISBN 978-3-7358-9079-5

ISBN 978-3-7724-4958-1

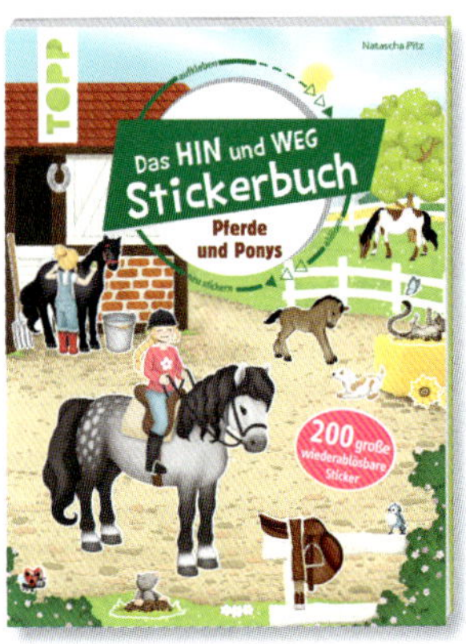

ISBN 978-3-7724-7843-7

ISBN 978-3-7724-7842-0

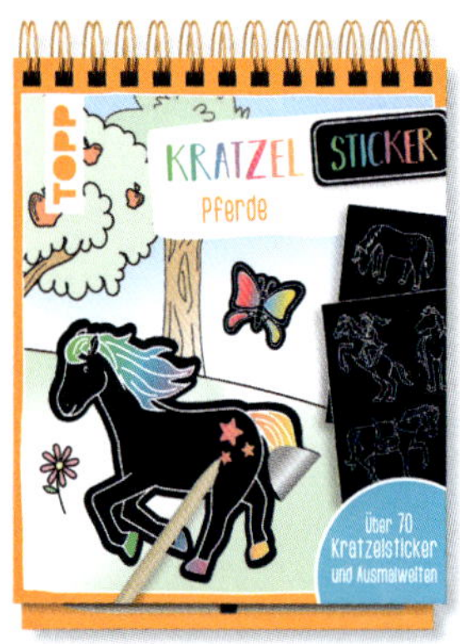

ISBN 978-3-7724-8450-6

Viele weitere Kreativ-Bücher findest du auf www.TOPP-kreativ.de

ISBN 978-3-7724-8452-0

ISBN 978-3-7358-9105-1

ISBN 978-3-7358-9151-8

ISBN 978-3-7724-4646-7

ISBN 978-3-7358-9020-7

ISBN 978-3-7724-7833-8

ISBN 978-3-7724-4649-8

ISBN 978-3-7724-4474-6

ISBN 978-3-7724-8423-0

ENTDECKE AUCH UNSERE KREATIVEN SETS

GTIN 4007742185091

GTIN 4007742185107

GTIN 4007742184636

ISBN 978-3-7724-4237-7

ISBN 978-3-7358-9156-3

ISBN 978-3-7724-4612-2

ISBN 978-3-7724-4471-5

ISBN 978-3-7724-4611-5

ISBN 978-3-7724-6870-4

GTIN 4007742184353

ISBN 978-3-7358-9047-4

ISBN 978-3-7724-4470-8

ISBN 978-3-7724-8426-1

ISBN 978-3-7358-9060-3

ISBN 978-3-7358-9028-3

ISBN 978-3-7724-4389-3

GTIN 4007742182373

GTIN 4007742182380

#TOPPPROJEKT

Die eigene Kreativität zeigen: TOPPprojekt mit anderen Kreativen teilen und Teil der Gemeinschaft werden.

DIY-begeistert und auf Instagram? Dann unbedingt mitmachen! Hier gibt's Tipps und Feedback zu den eigenen Projekten. Außerdem verlosen wir jeden Monat ein Überraschungspaket. Um am Gewinnspiel teilzunehmen, einfach ein Bild vom Kreativ-Projekt aus unseren Büchern mit #TOPPprojekt posten und unserem Account @frechverlag folgen. Mehr Infos auf TOPP-kreativ.de/TOPPprojekt

Mach mit beim

#TOPPprojekt

#TOPPprojekt
@frechverlag

Website
Auf TOPP-kreativ.de kannst du ein riesiges Angebot von über 1.000 Kreativbüchern, Sets & mehr entdecken.

Newsletter
Gleich anmelden unter: TOPP-kreativ.de/newsletter und immer als Erstes von unseren Neuheiten und Sonderaktionen erfahren.

Instagram
@frechverlag

Pinterest
pinterest.com/frechverlag

Facebook
facebook.com/frechverlag

DigiBib
Hier findest du zusätzlich zu vielen unserer Bücher digitale Extras, wie Video-Tutorials, Plotter-Dateien, Vorlagen, Übungsblätter & vieles mehr. Einfach im Impressum deines TOPP-Buchs den Freischalte-Code nachschlagen und exklusive Inhalte freischalten. TOPP-kreativ.de/digibib

Youtube
youtube.com/frechverlag

Wer wir sind, wie wir arbeiten, was wir lieben …

Auf Instagram, Facebook und Pinterest findest du mehr über uns und unsere Arbeit und wirst immer schnell und einfach mit den neuesten Infos versorgt.

Alle News, alle Infos und alle Links findest du auf www.TOPP-kreativ.de

Service-Hotline

Hast du Fragen oder gibt es ein Problem? Wir helfen dir gern. Ruf uns an oder schreib uns eine E-Mail:
Telefon: **0711 / 123 757 20***
*normale Telefongebühren
E-Mail: hilfe@frechverlag.de

Weitere Informationen zum Verlag und zu unserem gesamten Programm findest du unter: **www.topp-kreativ.de**

Die Autorin

Pia Deges hat Film- und Fernsehwissenschaften studiert und lange als TV-Redakteurin gearbeitet. Seit einigen Jahren lebt sie ihre Leidenschaft für Food-, DIY- und Gartenthemen als Autorin und Content Creator aus. Mehr über ihre Arbeit findet man auf: piadeges.de

Impressum

MODELLE UND SCHRITTFOTOS: Pia Deges
FOTOS: frechverlag GmbH, 70839 Gerlingen; lichtpunkt, Michael Ruder, Stuttgart
SCHRITTILLUSTRATIONEN: Schwab: illustrationen (Seite 13)
PRODUKTMANAGEMENT: Cora Friedrich
COVER: Lena Schmitt
HERSTELLUNG UND LAYOUT: Jessica Siebert
SATZ: Arnold & Domnick, Leipzig
DRUCK UND BINDUNG: BALTO print, Litauen

1. Auflage 2024

Erweiterte und angepasste Ausgabe von 7954.
ISBN 978-3-7358-9139-6 • Best.-Nr. 29139

Danke

Wir danken den Firmen Rayher Hobby GmbH (Laupheim), Städter GmbH (Allendorf/Lumda), Max Bringmann KG – folia (Wendelstein), STAEDTLER Mars GmbH & Co KG (Nürnberg), Rico Design GmbH & Co. KG (Brakel) und efco creative GmbH (Rohrbach) ganz herzlich für die freundliche und großzügige Bereitstellung von Materialien.

MIX
Papier aus verantwortungsvollen Quellen
FSC® C107574
www.fsc.org

Penguin Random House Verlagsgruppe FSC® N001967

Dein Download

Die Vorlagen kannst du unter www.topp-kreativ.de/digibib downloaden. Lass dir dabei von einem Erwachsenen helfen.

Der Freischaltcode lautet: **59512**